SAINT-GENEST

J'Y SUIS, J'Y RESTE !

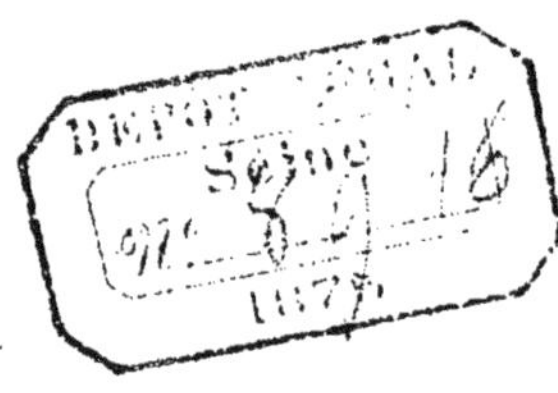

PARIS

E. DENTU, LIBRAIRE-ÉDITEUR

PALAIS-ROYAL, 17-19, GALERIE D'ORLÉANS

—

1875

J'Y SUIS, J'Y RESTE!

Si, en ce moment, nous faisons paraître cette courte brochure, c'est que, pour des raisons développées plus loin, nous ne pouvons dans un journal prendre la défense du chef de l'État sans compromettre gravement le journal. C'est une situation tout à fait curieuse, mais dont nous avons maintes fois fait l'expérience.

Sous l'Empire, ce n'était précisément pas le *Constitutionnel* qui était menacé, et sous les princes d'Orléans, ce n'était pas les *Débats*. Aujourd'hui, tout est changé. On peut attaquer le Maréchal dans son gouvernement, dans sa personne, dans son honneur, cela n'est point dangereux. Mais, défendre le Maréchal contre ceux qui l'outragent, est un véritable péril.

Avec le gouvernement parlementaire, les ministres ne pouvant se maintenir au pouvoir qu'en s'appuyant sur les différents groupes de la Chambre, et ces groupes, qui se soucient peu de venger le chef de l'État, ne permettant aucune attaque contre eux-mêmes, toutes les feuilles de l'opposition se trouvent plus ou moins protégées, tandis que les défenseurs du Maréchal sont absolument sans appui.

Cela est si vrai, que les journaux ultramontains et chevau-légers ont pu insulter Mac-Mahon *avec la dernière violence* sans être inquiétés par personne, tandis que le *Figaro* a été suspendu, uniquement *pour avoir trop vivement applaudi aux paroles du Maréchal.*

Cela est si vrai, que d'autres feuilles ont pu impunément tourner en dérision les braves officiers de notre armée, tandis que l'auteur de cette brochure a été forcé de s'éloigner pour avoir osé défendre ces officiers contre leurs insulteurs (1).

Situation que nous trouvons profondément regrettable; non pas pour ce qui nous touche personnellement, mais pour l'effet produit sur la nation. Quand un gouvernement se voit condamné à frapper ses défenseurs avant de frapper ses ennemis, cela ne contribue pas à donner une haute idée de sa force.

Et c'est à cause de cette situation que, ne pouvant dire notre pensée tout entière dans le journal, nous la complétons dans les pages suivantes.

---

(1) Peut-être n'a-t-on pas fait suffisamment attention à ce phénomène sans exemple dans notre histoire. Pour s'en faire une juste idée, il faut comparer les numéros de l'*Union* et de l'*Univers,* lors de l'affaire du Temple, avec le numéro du *Figaro,* lors de sa suppression.

Lorsque ces feuilles ont traité le Maréchal de « fourbe, » de « traître » et de « lâche, » *aucun député ne s'est levé pour demander leur châtiment,* tandis que nous avons été frappé uniquement pour avoir commenté les paroles mêmes du Maréchal, et nous avons été frappé sans que le gouvernement, qui se laisse chaque jour insulter par ses adversaires, ait cru pouvoir intervenir en faveur de ses fidèles.

I

Et d'abord, avant de parler de la lutte qui se prépare, nous demandons à en rechercher les causes. Jamais situation n'a été si claire.

Jusqu'ici, quand des troubles menaçaient le pays, ils avaient leur raison d'être; c'était : ou bien une dynastie triomphante, que combattaient d'autres prétendants, — ou un gouvernement révolutionnaire que combattait le parti de l'ordre; — ou une absence de gouvernement que maudissait le pays tout entier.

Aujourd'hui rien de tout cela. Il y a un loyal soldat qui rassure complétement les conservateurs, — une République modérée qui doit satisfaire les républicains honnêtes, — et un droit de révision qui sauvegarde l'avenir des « hommes à principes. »

Pour les républicains, la République est là, telle que l'avait préparée M. Thiers, avec la Constitution de M. Thiers, le Sénat de M. Thiers, les ministres de M. Thiers, enfin avec tout ce que voulait M. Thiers, sauf M. Thiers lui-même qui, à tort ou à raison, n'inspirait pas confiance.

Pour les bonapartistes, un maréchal de l'Empire est là, avec tous les généraux de l'Empire, avec d'anciens ministres de l'Empire, avec l'appui de fidèles de l'Empire comme M. Magne, de journaux de l'Empire comme le « *Pays.* »

Pour les monarchistes, une constitution monarchique est là, constitution protégeant l'ordre, la religion, la société, constitution soutenue par des conservateurs comme M. le duc de Broglie, par des légitimistes comme M. de Kerdrel.

Pour l'armée, un soldat est là, avec cette auréole de loyauté, de gloire et d'honneur, qui a rendu ce soldat légendaire avant même qu'il ne fût porté au rang suprême.

Et, pour les catholiques enfin, un chrétien est là, plus moral et plus religieux que tous les chefs d'État que la France ait connus depuis un siècle.

Ce n'est donc pas un de ces moments de trouble et de malaise dont chacun veut sortir à tout prix. Loin de là ; c'est une de ces heures singulières où un peuple divisé rencontre pour la première fois le seul gouvernement d'ordre et de sécurité qui tranquillise tous les intérêts, satisfait toutes les consciences, sauvegarde tous les principes.

Aujourd'hui, la France est calme et prospère ; le pays se relève, l'armée se réorganise, le budget est en équilibre. Industriels, commerçants et ouvriers bénissent ce nouvel état de choses.

Le Gouvernement dit :

« Voulez-vous que cela continue ainsi ? Je vous ai donné la paix civile, la paix extérieure, la paix religieuse ; voulez-vous la paix politique ?

» Pour l'avoir, pour achever l'œuvre de conciliation, il suffit de voter la loi électorale ; et, comme loi électorale, je vous propose le mode de suffrage que les libéraux ont toujours demandé ;

» Que les bonapartistes ont toujours pratiqué ;

» Que les monarchistes ont toujours revendiqué ;

» Et que M. Thiers lui-même a toujours préconisé... »

Ce à quoi les hommes de parti répondent : « Non ! c'est justement parce que la France se relève, c'est parce que les affaires reprennent, qu'il faut nous hâter de tout ébranler, car en laissant croître la prospérité, on verrait qu'on peut vivre sans nous... » Tandis que M. Thiers dit avec un cynisme admirable : « J'ai demandé ce mode de suffrage quand j'étais au pouvoir, mais je le combats aujourd'hui qu'un autre est à ma place ; et si, malgré tout, on vient à s'entendre sur le suffrage, je saurai trouver un autre motif pour renverser le Gouvernement. »

Jamais, je le répète, spectacle n'a été à la fois et plus scandaleux et plus instructif ! Si instructif même que je supplie les lecteurs de le considérer attentivement : Cette fois, les hommes politiques sont au pied du mur ; plus de raisons, plus de prétextes : la guerre pour la guerre, le mal pour le mal.

Que nous veulent-ils, ces hommes? Que demandent-ils? Quel est leur raison? Quel est leur prétexte?... Nous les mettons au défi de nous le dire. Que nous veut M. Rouher avec ses « lourdes responsabilités? » Que nous veut M. Thiers avec la « sagesse des radicaux? » Que nous veut M. du Temple avec « la lâcheté du Maréchal? »

Ces hommes qui ont l'air de se faire la guerre et qui s'entendent si bien ! ces hommes qui, ennemis en apparence, et affectant de se reprocher chaque jour leurs conspirations respectives, seraient bien désespérés si l'un d'eux cessait de conspirer ! Car, M. Thiers a besoin de M. Rouher, M. Rouher a besoin de M. du Temple, et tous ont besoin de M. Naquet !

Que nous veulent surtout MM. les démocrates et libéraux?

Pendant deux ans, ils ont réclamé la République de M. Thiers, on la leur a donnée ; — la constitution de M. Thiers, on l'a votée — et maintenant qu'on a fait tout ce qu'ils voulaient, maintenant que les honnêtes gens de chaque parti se résignent, que les esprits s'apaisent... que veulent-ils en conspirant contre le gouvernement même qu'ils nous ont imposé ?

Ce qu'ils veulent, c'est renverser le Maréchal! Et, pour renverser le Maréchal, abattre, d'abord, M. Buffet.

II

« C'est un bonapartiste ! »

Tel est le mot d'ordre, tel est, en face de la démagogie menaçante, le *garde à vous* des doctrinaires et républicains. Pour cette accusation, il n'est besoin ni de preuves ni de vraisemblance. Elle porte toujours ; elle trouve toujours crédit.

Si un ministre montre de l'énergie, c'est un bonapartiste.

Si un préfet emploie la force et rétablit l'ordre, c'est un bonapartiste.

Si un administrateur inspire confiance et préfère l'action à la parole, c'est un bonapartiste.

Si un écrivain défend l'armée et exalte nos généraux, c'est un bonapartiste.

Peut-être conviendra-t-on que c'est une étrange manière de combattre l'Empire que de dire que ce régime renferme tous les hommes d'action, tous les hommes de cœur, d'énergie et de volonté, et qu'en dehors de ce parti il n'y a qu'incertitude, faiblesse et impuissance. Mais le plus curieux, c'est qu'alors même qu'on n'a aucune des qualités dites « bonapartistes, » il suffit simplement de refuser de frapper l'Empire pour s'attirer ce reproche. C'est là ce qui est absolument particulier à cette opinion.

On n'a pas besoin d'attaquer la maison de France pour ne pas être appelé légitimiste, ni les princes d'Orléans pour n'être pas traité de doctrinaire; non, le silence suffit; tandis qu'il faut absolument insulter l'Empire sous peine de passer pour un bonapartiste.

Et encore, on a beau s'y résigner, si on le fait faiblement, il y a de graves soupçons qui planent... comme un mystère... quelque chose d'indéfinissable qu'il serait assez difficile de préciser, et qui est un véritable signe des temps.

Mais, étant donné un tel état de l'opinion, on voit quelle arme facile pour frapper ses ennemis, alors même qu'ils semblent absolument hors de portée. Le duc de Broglie, que son nom, son passé, devaient à jamais garantir, a été atteint un des premiers. Après lui, M. de Fourtou. Aujourd'hui, c'est le tour de M. Buffet.

Venu au moment où certains doctrinaires, aveuglés par la passion, espéraient édifier et gouverner une république *sans autres principes que la haine de l'Empire et sans autre alliance que l'appui des radicaux,* M. Buffet a eu le mérite singulier de rétablir les choses dans leur ordre naturel.

Dispersant la coalition des trois Gauches, il a, non pas refait la coalition du 24 Mai, mais il a reconstitué le grand parti conservateur, qui a besoin de toutes ses forces pour vivre et lutter contre l'ennemi commun. Et, en cela, il a montré qu'il n'était pas un homme ordinaire.

M. Buffet a cette force qui s'impose; il a cette vertu de l'entêtement du bien, si rare par le temps qui court. Aussi nos ennemis, qui voient dans cet homme leur plus grand péril, lui ont-ils déclaré une guerre acharnée; l'attaquant dans son administration, dans son caractère, dans sa personne; lui reprochant d'employer les moyens auxquels ils applaudissaient le plus sous le règne de M. Thiers; de garder l'état de siége dont M. Thiers ne s'est jamais départi; de frapper les organes de la presse que M. Thiers n'a jamais épargnés...

Si les conservateurs avaient le sentiment de la défense, ils soutiendraient ardemment M. Buffet. Eclairés par la haine des radicaux, et surtout par la rage des thiéristes, ils se rallieraient tous derrière le courageux ministre qui se dévoue à leur cause.

Malheureusement, ces conservateurs qui s'épouvantent si vite au jour du suprême péril, ces conservateurs, toujours prêts à fuir à Versailles à la moindre panique, ne soutiennent jamais que faiblement celui qui veut les défendre. A peine l'armée s'est-elle fait tuer pour rétablir l'ordre, qu'oubliant le passé, et surtout oubliant ce que les autres ont souffert pour eux, ils se remettent en coquetterie avec les libéraux, et ne demandent qu'à critiquer et même à abandonner leurs sauveurs.

Et alors, thiéristes et radicaux, ravis de ce manque d'esprit politique, s'en vont de l'un à l'autre, disant : Mais ce nouveau ministre est notre ennemi commun; c'est un bonapartiste !

Et, en effet, le moyen de répondre? Puisqu'il montre de l'énergie, puisqu'il emploie la force, puisqu'il rassure la société, c'est un bonapartiste !

Puisque Toulouse et Marseille sont réduits au silence, puisque la démagogie est domptée, puisque l'ordre règne, c'est un bonapartiste !

S'il n'était pas bonapartiste, il ferait des concessions aux ennemis du Maréchal, il tremblerait devant les démagogues, et surtout, il préférerait les traîtres de septembre aux anciens serviteurs de l'Empire.

« Sacrifiez-le donc, reprennent en chœur les fidèles de M. Thiers, et alors nous pourrons nous entendre ; et alors les questions de scrutin s'aplaniront comme par enchantement ; car, c'est lui seul qui envenime le débat, c'est sa présence qui fait tout le mal.

» Après M. de Broglie, après M. de Fourtou, livrez-nous celui-là. Il est bien vrai que c'est nous qui l'avons demandé le 25 février pour faire accepter notre République ; mais, maintenant qu'il a rempli sa tâche, il faut qu'il cède la place à M. Dufaure. »

Et devant ce langage, certains naïfs du parti de l'ordre, secouent la tête en murmurant : « Enfin... enfin... si vraiment on peut s'entendre à ce prix... peut-être faudrait-il voir !... céder encore une fois. »

Et ils ne comprennent pas que cette guerre contre l'Empire vise plus haut et plus loin que M. Buffet.

Déjà, en maudissant tous les jours la coalition du 24 Mai, en l'attaquant dans son principe, dans son esprit, dans la composition de son armée, il s'agissait d'atteindre celui qui est le produit du 24 Mai, *celui qui a remplacé l'illustre libérateur,* c'est-à-dire le maréchal de Mac-Mahon.

Et aujourd'hui, en attaquant furieusement l'Empire, en en faisant comme une question de principe, en disant que « la République qui est ouverte à tous, même aux avocats de la Commune, *est à jamais fermée aux anciens serviteurs de Bonaparte,* et surtout aux partisans du 2 Décembre... » il s'agit de frapper celui qui a prononcé la parole célèbre : « La question étant entre la démagogie et le coup d'Etat, je vote pour le coup d'Etat. »

Chaque insulte à l'Empire est un outrage pour le maréchal de Mac-Mahon.

Si le 24 Mai est une journée néfaste, être le produit du 24 Mai est plus néfaste encore.

Si le 2 Décembre est un crime, avoir voté pour le 2 Décembre est un forfait.

Si l'Empire est un opprobre, l'avoir servi comme sénateur est une honte.

Si Napoléon III est un misérable, avoir été attaché à sa personne est une déchéance.

Voilà la campagne ; campagne résumée dans ce mot de l'hôtel Bagration : « Nous ne renverserons pas le Maréchal, nous mangerons ses lauriers feuille à feuille. »

Les républicains espèrent avancer insensiblement comme les loups, habituer le Maréchal à entendre ces paroles si offensantes pour lui, lui imposer concessions sur concessions, l'acculer peu à peu... Après lui avoir refusé trois fois le septennat personnel, après avoir renversé tous ses ministères, après lui avoir enlevé la nomination des sénateurs, ils espèrent le faire passer sous les fourches caudines du scrutin de liste. Pour cela ils comptent sur son respect de la légalité, sur son admirable désintéressement.

Et puis, le jour où le Maréchal ayant déjà subi la république de M. Thiers, la constitution de M. Thiers, les ministres de M. Thiers ; le Maréchal, ayant permis aux fidèles de M. Thiers de l'outrager dans cet Empire qu'il a servi et dans ce 24 Mai qui l'a mis au pouvoir ; le jour, dis-je, où le Maréchal laisserait le scrutin de liste proclamer vingt-cinq fois le nom de M. Thiers, alors, thiéristes et radicaux se dressant tout-à-coup lui crieraient : « Que faites-vous ici ? Puisque l'homme que vous avez remplacé est un homme admirable, puisque la journée qui vous a mis au pouvoir est une journée néfaste, et que le régime qui a fait votre carrière est un régime exécrable, cédez la place à « l'illustre libérateur. »

Voilà le plan. La lutte est entre le maréchal de Mac-Mahon et M. Thiers, c'est-à-dire entre l'ancien allié de Jules Favre, le protecteur de Ranc, l'éternel conspirateur, et l'honnête soldat qui, vis-à-vis de tous ces complots cachés et de ces attaques ouvertes, n'a d'autre arme que son patriotisme et sa loyauté.

Aujourd'hui, que l'ordre règne, que la confiance renaît, aujourd'hui que les affaires atteignent un degré de prospérité inconnue, il s'agit de nous ramener à la veille du 24 Mai, alors que la Bourse épouvantée baissait comme à l'époque des plus grands désastres; alors que M. Thiers, vaincu par Barodet, venait se mettre sous les ordres de ses nouveaux maîtres; *alors que l'armée était insultée chaque jour par les radicaux,* et que les aventuriers de Septembre remplissaient toutes nos administrations.

Et quand nous disons que la guerre est contre le Maréchal, nous devrions dire qu'elle est contre l'armée tout entière. Depuis deux ans, nos ennemis ont parfaitement compris que ce 24 Mai n'était nullement une journée parlementaire, mais un coup d'Etat militaire; que c'était la France arrachée à la domination des hommes de Septembre et placée sous la protection des généraux; que c'était le règne des Mac-Mahon, des du Barrail, des Ladmirault, des Ducrot, des Bourbaki, succédant au règne des Jules Simon, des Jules Favre, des Jules Ferry, avec accompagnement de Ranc et de Barodet.

De plus, ils se sont dit que la France qui, deux fois déjà avait été sauvée de l'anarchie par le sabre, pourrait se souvenir du passé et qu'il fallait s'appliquer à « rabaisser l'élément militaire. »

De là cette campagne entreprise dès le premier jour et poursuivie avec une admirable entente. De là ce mot d'ordre pour permettre aux démocrates et radicaux d'insulter l'armée, et pour interdire aux défenseurs de cette armée de leur répondre. De là les diatribes contre l'Empire, contre les serviteurs de l'Empire, les fidèles de l'Empire. Et de là, enfin, la guerre acharnée contre M. Buffet qui, en ce moment, a l'honneur singulier de représenter la défense et du Maréchal et de l'armée, et de la majorité de la nation.

Certes, il était facile de dire à l'armée qui vient de nous sauver, qu'il y aurait indulgence pour tous, même pour les égarés de la Commune, mais jamais pour les officiers qui venaient de vaincre cette Commune !... De lui dire que dans les prochaines élections on accepterait quiconque avait été l'ami des assassins et des incendiaires, mais jamais celui qui aurait imité l'exemple des maréchaux et des généraux de l'Empire. En un mot, de placer des gens de l'espèce de MM. Ranc et Barodet au-dessus des Canrobert et des Bourbaki ! Et d'oser dire cela en présence du duc de Magenta, sous la présidence du duc de Magenta, avec l'espérance que le duc de Magenta laisserait dire et laisserait faire.

Maintenant, il faut reconnaître que ce qui leur a donné cette audace, c'est que depuis deux ans le Maréchal s'est trouvé dans une situation qui n'est pas ordinaire, situation qu'il est peut-être bon de rappeler.

III

Jusqu'ici, tous les gouvernements ont eu dans le monde politique — aussi bien dans la presse que dans le parlement, des appuis, des soutiens, un parti, en un mot ; parti dévoué, ayant inféodé sa cause à celle du chef de l'Etat, et le défendant ardemment contre ceux qui l'attaquent. Charles X, Louis-Philippe, Napoléon III, M. Thiers, tous se sont étayés sur un parti : le Maréchal n'a personne. Chacun se sert de lui, personne ne le défend.

Quand je dis qu'il n'a personne, il a tout le monde : il a les commerçants, les industriels, les paysans, les soldats, toute l'armée du travail, toute l'armée de la défense ; dans les classes dirigeantes, il a les hommes de bon sens, les citoyens de bonne volonté, c'est-à-dire la nation laborieuse et honnête ; mais, s'il a la nation, il n'a pas cette poignée qui parle et qui écrit. Cette poignée, la bande des hommes politiques, appartient aux partis, et c'est la seule qui soit en vue, la seule qui fasse le bruit.

Si le Maréchal était un ambitieux, s'il avait des idées personnelles, lui aussi aurait pu rallier à sa cause tout un

2

monde d'intéressés et d'intrigants, c'est-à-dire créer à son usage ce qu'on appelle « un parti. » Mais comme on a compris de suite que cet homme était le désintéressement même, et que si de lui la nation avait tout à espérer, personne n'avait rien à attendre, il a été absolument abandonné des « hommes politiques. »

Quand nous disons abandonné, cela n'est pas exact : tous viennent successivement s'abriter de son nom pour se garantir contre des rivaux menaçants, sauf à se retourner contre lui et à le frapper lorsque ceux qui les menaçaient ne sont plus à craindre.

Ça été la *seule politique* depuis le 24 Mai ; ça été le seul mobile des coalitions du 6 Août, du 20 Novembre, du 16 Mai, du 15 Juin ; ça été l'unique principe de la journée du 25 Février, qui, loin d'avoir été faite pour donner un gouvernement à la France, a eu pour unique but d'empêcher l'arrivée de l'Empire ; tout n'étant plus qu'armes de guerre destinées à aider ou entraver la marche de quelqu'un sans aucun souci des intérêts du pays.

Et de là spectacle auquel nous faisons assister l'étranger.

Si le Maréchal s'adresse aux orléanistes, les orléanistes lui disent : Nous voulons bien vous aider dans votre œuvre, mais à une condition, c'est de nous laisser faire « la guerre à l'épée aux légitimistes, au couteau aux bonapartistes. »

Si le Maréchal se retourne vers les bonapartistes, les bonapartistes lui répondent : « Nous vous sommes dévoués corps et âme, mais à la condition que vous allez renvoyer ces orléanistes maudits et préparer le retour de notre prince. »

S'il s'adresse au centre gauche, le centre gauche impose comme condition absolue de combattre à la fois légitimistes et bonapartistes, en un mot tous les conservateurs, et de s'appuyer uniquement sur les républicains.

Et si, enfin, il s'adresse aux légitimistes, les légitimistes exigent comme premier gage d'alliance de suivre la seule politique qui amène infailliblement une coalition à l'étranger;

Après quoi, arrive un secrétaire d'Etat qui pointe les voix; et qui dit : « Monsieur le Maréchal, si vous faites ceci, vous perdez cinquante voix à droite ; si vous faites cela, vous perdez soixante voix à gauche ; si vous prenez tel ministre, vous aurez la défection de tel groupe ; si vous prononcez telle parole, vous vous aliénez telle fraction... » De sorte que le Maréchal, traqué, abusé, abandonné, trahi, allant de l'un à l'autre, cherchant un équilibre impossible, un terrain de conciliation introuvable, voyant chaque jour son œuvre neutralisée par la férocité des partis, se débat dans une situation *qu'aucun chef d'Etat n'a connue.*

Dès le renversement du duc de Broglie, le Maréchal, comprenant très nettement cette situation, avait voulu prendre la seule attitude possible : Appuyé sur M. de Fourtou, dans une proclamation célèbre, il avait dit à l'armée : « Je vous » associe à mon œuvre, » et, dans un Message plus retentissant encore, il avait dit à l'Assemblée : « Quoi qu'il arrive, » je gouvernerai pendant sept ans... vous avez enchaîné » vous-mêmes votre souveraineté ; désormais mes pouvoirs » sont irrévocables et j'userai pour les détendre des moyens » autorisés par la loi. »

Ça a été la seule époque où la France se soit sentie directement gouvernée par le Maréchal, la seule époque où nous ayons eu une politique sensée, patriotique et forte !... Et chacun se rappelle cette confiance dans le pays, cet enthousiasme dans l'armée, cet abattement chez les hommes de parti, cette obéissance passive chez les thiéristes, cette terreur chez les radicaux. Ce jour-là, personne n'osait résister.

Mais, pour continuer une telle politique, il fallait être aidé par ses entours. C'est alors que les doctrinaires, les habiles doctrinaires sont venus qui ont dit : « Prenez garde, Monsieur le Maréchal, prenez garde ! ce que vous faites là est opposé à ce que nous avons toujours soutenu sous l'Empire ; c'est contraire à la *Revue des Deux-Mondes,* aux *Débats,* au *Courrier du Dimanche.* Nous avons toujours dit qu'il ne fallait point faire de force et que rien n'était admirable comme le parlementarisme.

» Pendant que vous étiez sénateur de Napoléon III, nous avons invariablement répété que les procédés de l'Empire étaient détestables, que la France n'avait nullement besoin d'un gouvernement autoritaire, que les populations des grandes villes avaient le droit de nommer leurs conseils, que la liberté de la presse était chose sacrée... Peu importe que ces moyens soient absolument nécessaires aujourd'hui, peu importe le salut de la France ; l'essentiel est de ne pas nous mettre en contradiction avec nos principes. Cédez, Monsieur le Maréchal, cédez !

» Après avoir livré le duc de Broglie, livrez M. de [Fourtou, prenez M. de Chabaud-Latour, M. de Chabaud-Latour qui persécutera vos anciens collègues de l'Empire comme s'ils étaient des ennemis de l'ordre. Et maintenant que vous avez subi la République de M. Thiers, la Constitution de M. Thiers, les ministres de M. Thiers, puisqu'on vous refuse la nomination des sénateurs, cédez encore, cédez toujours... la grande politique c'est de céder ! Vous pourriez prendre un ministère en dehors du Parlement. Vous en avez le droit, mais ce ne serait pas conforme à nos principes, cela démentirait notre passé, ne le faites donc pas... »

Et à force de lui conseiller de la « grande politique » à force de lui dire : cédez, cédez! ils ont amené le Maréchal dans l'impasse où il se trouve aujourd'hui.

Et alors, épouvantés de leur œuvre, se voyant acculés, comprenant qu'il n'y a pas d'autre alternative entre un gouvernement personnel et le renversement du Maréchal, ils sont les premiers à dire : « La mesure est comble, il ne faut plus reculer, il faut que le Maréchal exprime sa volonté dans un Message, et qu'il menace, en cas de coalition, de prendre un ministère en dehors du Parlement. »

En vérité! mais quel instinct étonnant, quel génie admirable! Après avoir perdu un an et demi en tâtonnements et en agitations impuissantes, après avoir affaibli l'autorité du Maréchal vis-à-vis de ses adversaires, ils comprennent enfin qu'il faut revenir à la politique de M. de Fourtou, reprise aujourd'hui par M. Buffet, politique qu'on n'aurait jamais dû abandonner.

Mais le gouvernement parlementaire, balbutient certains rêveurs!... Le gouvernement parlementaire, ne craint-on pas d'en atteindre le prestige?

Eh! non. Il s'agit de le sauver, au contraire. Si en temps normal le gouvernement parlementaire est le meilleur des gouvernements, au lendemain des grands cataclysmes c'est le plus détestable!

Les républiques de l'antiquité ont toujours créé une dictature dans les moments de crise; dictature destinée à prévenir le despotisme, car il est une heure, où, dans l'intérêt même de la liberté, il faut en suspendre l'exercice, sans quoi elle risque d'être à jamais perdue dans l'esprit du peuple et remplacée par le respect des Césars.

Loin de sauvegarder le gouvernement parlementaire, on le ruine depuis quatre ans. Tous ceux qui croyaient à ce gouvernement perdent successivement leur foi. L'Assemblée a voulu voter la déchéance de l'Empire, mais, en réalité, c'est la déchéance du parlementarisme qu'elle fait prononcer chaque matin par les citoyens qui assistent à ces lamentables spectacles ! Et cela est si vrai, que cet Empire, qu'elle a voulu écraser, se relève et se fortifie de toutes les faiblesses et de tous les tâtonnements de Versailles.

Depuis deux ans déjà se répandait cette opinion que l'Assemblée, loin d'avoir contribué au relèvement du pays, était le seul obstacle au salut du pays ; que jusqu'ici elle n'avait fait qu'entraver l'œuvre de chacun, de M. Thiers d'abord, de Mac-Mahon ensuite ; que sans elle la réorganisation de l'armée serait dès longtemps finie, les esprits apaisés, le peuple en repos. Mais jamais cette impression n'avait été plus profonde, plus universelle qu'en ce moment où la France, atteignant une prospérité inconnue, les affaires dépassant le chiffre des plus belles années de l'Empire, les infortunés travailleurs voient revenir avec épouvante ces députés nommés pour leur salut et qui seuls ne se rendent pas compte du trouble qu'ils jettent dans les esprits.

Mais, la légalité ! la légalité, s'écrient alors nos doctrinaires aux abois?

Et par quelle interversion de mots appelle-t-on légalité ce qui est contraire à la loi, contraire au droit, au bon sens, au patriotisme, à l'existence même du pays !

Tant que la seconde Chambre n'est pas nommée et que le chef de l'Etat se trouve sans recours contre les décisions de la première, oser demander au Maréchal de changer ses ministres après chaque vote est la plus illégale des prétentions.

Le gouvernement parlementaire n'existera que quand on en aura mis les rouages en mouvement; jusque là, il n'existe qu'une chose, c'est le pouvoir du Maréchal pendant sept ans; *pouvoir que personne ne peut lui enlever.*

Jadis les deux Bonaparte ont été forcés de violer la loi pour sauver le pays; et quelque nécessaire que soit un coup d'Etat, la violation de la loi est toujours un grand malheur, surtout chez un peuple révolutionnaire qui, ayant perdu le respect, a plus besoin qu'un autre de règle et de frein. Or, le Maréchal a cette chance singulière de pouvoir sauver son pays en respectant la loi. Son droit est formel; son pouvoir inattaquable.

La proclamation de ce pouvoir ayant précédé la proclamation de la République, et même la République n'ayant été possible que parce que le Maréchal était là, le Maréchal n'est pas du tout le président d'une République déjà existante, c'est un chef d'État à l'ombre duquel une République a été acceptée. Fait sans exemple dans l'histoire.

C'est la récompense de ses éclatants services, et, surtout, le plus magnifique éloge qu'on puisse faire de son caractère, que ce pouvoir suprême conféré sans contrôle, sans garantie, sans limite. Jusqu'ici, on organisait un gouvernement, et ensuite on mettait un homme. Cette fois, on a commencé par prendre l'homme sans se préoccuper du gouvernement; car si personne ne s'entendait sur le gouvernement, tout le monde s'entendait sur l'homme.

Donc, la légalité, c'est le Maréchal, et l'illégalité ce sont les hommes qui osant revenir sur ce qu'ils ont irrévocablement constitué, s'efforcent de transformer une assemblée parlementaire en véritable Convention!... Oui, en Convention; car tout parlement qui prétend exercer à la fois le pouvoir législatif et le pouvoir exécutif n'est et ne sera jamais qu'une Convention. C'est-à-dire un gouvernement qui a tous les inconvénients du despotisme sans les avantages de l'unité d'action.

Et quand certains rêveurs tombant dans le piége si habilement masqué par les fidèles de M. Thiers s'en vont répétant : le Maréchal a dit : « J'y suis, j'y reste ! » et il restera en respectant la « légalité, » ils disent une bêtise ! Ou bien : Mac-Mahon se gardera de respecter cette prétendue « légalité, » et il restera ; — ou bien : il respectera cette légalité et il ne restera pas !

Car cette légalité, c'est d'abord un ministère centre gauche, puis la dissolution de l'Assemblée, les élections faites avec le scrutin de liste ; MM. Thiers et Gambetta nommés dans quarante départements, c'est-à-dire le renversement de tous les soutiens du Maréchal. Après quoi, nos impuissants doctrinaires auront beau balbutier : « J'y suis, j'y reste ! » il faudra bien s'en aller !

Et il faudra s'en aller au milieu des éclats de rire des thiéristes, des éclats de joie des républicains, des insultes des radicaux, des menaces des démagogues, et s'en aller avec le remords éternel de rendre à la révolution un pays qu'on pouvait sauver.

Si, à Sébastopol, Mac-Mahon avait dit simplement : « J'y suis, j'y reste ! » après quoi il se serait croisé les bras, il ne serait pas resté. Ce qui fait qu'il est resté, ce n'est pas parce qu'il l'a dit, mais parce qu'il a fait tout ce qu'il fallait faire pour n'être pas chassé ! C'est parce qu'à la tête de ses zouaves, il s'est précipité sur les Russes, qu'il a bravé les bombes et la mitraille et qu'il a déployé une indomptable énergie pour garder la place.

Mais si, au lieu de cela, il avait écouté les avis de conseillers timides, les Russes repoussés des ouvrages de Malakoff, comme les radicaux après le 24 Mai, seraient bientôt rentrés dans la forteresse et Mac-Mahon ne serait pas resté.

Voilà la vérité. Voilà ce que chacun comprend et ce que personne n'a le courage de dire, parce qu'il y a en nous une sorte d'hypocrisie politique qui fait que chaque père de famille, qui, au jour du péril suprême, sera à chercher un sauveur, proteste contre nos paroles avec une fausse indignation, en attendant l'heure où il maudira Mac-Mahon pour ne l'avoir pas sauvé.

IV

Donc, étant donné une telle situation, la ligne de conduite est simple : Défendre énergiquement M. Buffet contre l'abominable coalition qui le menace ; et si M. Buffet se retire, prendre des ministres en dehors du Parlement. Il n'y a plus d'autre alternative !

Il y a assez longtemps que trente-huit millions de citoyens sont sacrifiés à une poignée de journalistes et d'avocats, il est temps de sacrifier cette poignée aux trente-huit millions de citoyens.

Monsieur le Maréchal, ces derniers événements ont dû vous révéler le mal dans toute son étendue. La France est attaquée d'une peste terrible : la politique!... peste dont l'Angleterre a pensé mourir il y a deux siècles, et que des hommes d'État ont guérie. Successivement tous les partis viennent vous frapper en acceptant l'alliance de nos pires ennemis ; et leur démence est telle qu'aussitôt rentrés dans l'armée de l'ordre, ils jettent l'anathème sur ceux qui en sortent à leur tour pour faire simplement ce qu'ils viennent de faire.

En réalité, les partis ne valent pas mieux les uns que les autres ! Ceux qui vous frappent aujourd'hui ne sont ni meilleurs, ni pires que ceux qui vous frappaient hier ! Que leur intérêt change, ils se retourneront de suite contre vous, et vous ne vous appuierez sur rien.

Si donc vous cherchez un équilibre impossible, si vous cherchez à concilier cet ensemble inconciliable de passions et d'intérêts divers, nous ne vivrons plus que dans les crises, les coalitions et les interpellations... Ce ne sera pas la vie, ce sera une mort lente et certaine. Si, au contraire, laissant là les partis *quels qu'ils soient,* vous ne vous occupez plus que de la nation qui travaille et qui épargne, nous sommes sauvés !

Cette France-là est pour vous, Monsieur le Maréchal, mais elle seule est pour vous ! L'autre, celle qui se compose de légitimistes, de bonapartistes et de républicains, est contre vous à tour de rôle, et ne vous soutient jamais qu'avec l'arrière-pensée de vous renverser. Et cependant c'est à cette France-là que la vraie France a été sacrifiée jusqu'ici.

Pour moi, Monsieur le Maréchal, je ne me permettrai qu'une chose, c'est de vous répéter ce que je disais lorsque, à pareille époque, le retour de l'Assemblée causait pareilles craintes. Si jamais une fatale succession d'événements produisait une Chambre radicale suivie d'une nouvelle Commune, et de Frédéric-Charles... l'histoire ne vous demanderait pas si vous avez parfaitement respecté la légalité, si

vous vous êtes strictement conformé aux lois du parlementarisme, non, elle ne dirait que ceci : Le maréchal de Mac-
Mahon était au pouvoir ! Il était chef d'Etat et chef d'armée,
il avait le droit et il avait la force !... Oui ou non, le Maréchal a-t-il sauvé son pays ?

Et soyez sûr, Monsieur le Maréchal, qu'en restant à votre
poste aujourd'hui, en y restant malgré les thiéristes, malgré
les républicains, nalgré les radicaux, malgré les conspirateurs
de l'empire et les conspirateurs du drapeau blanc, en y restant en dépit des coalitions et des complots, des défections et
des menaces, en dépit des faux parlementarismes et des légali-
tés mensongères... en un mot, en y restant, envers et contre
tout, vous rendrez plus de services à la France, et peut-être
que vous montrerez encore plus de patriotisme et de valeur,
que le jour où, au milieu des bombes et de la mitraille, vous
êtes resté à Malakoff.

V

Et maintenant , industriels , commerçants , ouvriers , paysans, détournez-vous un instant de votre labeur pour regarder ce qui se passe : Vous travaillez, n'est-ce pas, les affaires reprennent, tout va bien autour de vous? Après quatre années de souffrances, après les horreurs de la guerre, les ruines de la Commune, vous commencez à revivre. Vous désirez que cela continue?

Eh bien! voyez ces hommes qui s'avancent, et parmi ces hommes regardez ce bataillon politique qui vient faire invasion au milieu de votre prospérité ! Demandez leur ce qu'ils veulent, demandez quelle est leur raison, quel est leur prétexte !

Ce qu'ils veulent, c'est que vous ne travailliez plus, car votre prospérité les ruine. Le jour où vous n'êtes plus dans la misère, le jour où la France respire, eux n'ont plus de raison d'être, ils sont perdus ! L'homme politique est comme le Prussien; son intérêt est le même : il faut que ça aille mal, afin qu'il puisse revenir.

Regardez cela, travailleurs; rappelez-vous-le! Et si plus tard vous avez encore une fois le *malheur* de retomber dans le Césarisme, ne vous en prenez pas au César qui viendra vous sauver, mais aux hommes qui vous auront jetés dans les bras du César!

SAINT-GENEST.

Paris. — Imp. Balitout, Questroy et C⁰, 7, rue Baillif.

9 782013 650649